DETRUIRE LES

PROPHETIES
DESTRUCTRICES

Dr Daniel Olukoya

DETRUIRE LES PROPHETIES DESTRUCTRICES

Par
Dr. D.K.Olukoya

DETRUIRE LES PROPHETIES DESTRUCTRICES
©2010 Dr. D.K.Olukoya

Une publication des :
Ministères de la Montagne de Feu et des Miracles.
13, Olasimbo Street, off Olumo road (UNILAG second gate)
Onike, Iwaya. Lagos. Nigeria
www.mountainoffire.org

ISBN : 978-0692291030

Pour de plus amples détails ou l'obtention d'une autorisation, adressez-vous à :

Email: pasteurdanielolukoya_french@yahoo.fr
mfmhqworldwide@mountainoffire.org
Ou visitez le site: www.mountainoffire.org
http://mfmbiligualbooks4evangelism.blogspot.com/

La prophétie c'est l'histoire à l'avance. C'est dire à l'avance ou prédire. Il y a de bonnes et de mauvaises prophéties. Il y a des prophéties inoffensives et il y en a des destructeurs.

Dans ce livre, nous considérons le sujet, intitulé, « Détruire les Prophéties Destructrices ».

1 Samuel 17 :41 dit : « *Le philistin s'approcha peu à peu de David, et l'homme qui portait son bouclier marchait devant lui* ».

Goliath a défié le peuple d'Israël 2 fois par jours pendant quarante jours. Il est venu quatre vingt fois disant « Envoyez un homme me combattre. Envoyez votre champion. Si je le bat, vous deviendrez nos esclaves, mais s'il me bat, nous deviendront vos esclaves ». Dieu le regardait toutes ces quatre vingt fois comme s'il ne l'entendait pas. Goliath avait battu toute l'armée d'Israël. Nous reconnaissons les vrais soldats quand les géants entrent dans le champ de bataille. David n'était pas du tout impressionné par Goliath. Il a dit : « Qui est cet homme ? Comment peut-il défier l'armée de Dieu ? » La quatre vingt quatrième fois quand Goliath est sorti, David était prêt pour lui. Sans Goliath, il n'y a pas de David. C'est Goliath qui a produit David. Après que David n'est battu Goliath, il est devenu populaire. I Samuel 17 : 41-43 dit : « *Le philistin s'approcha peu à peu de David, et l'homme qui portait son bouclier marchait devant lui. Le philistin regarda, et lorsqu'il aperçu David, il le méprisa ne voyant en lui qu'un enfant, blond et d'une belle figure. Le philistin dit à David, suis-je un chien, pour que tu viennes à moi avec des bâtons ? Et après l'avoir maudit par ses dieux* ». Pourquoi l'a-t-il fait ? Il l'a fait dans le but de vaincre David. Il a demandé l'assistance démoniaque. Le verset 44 dit : « *Il ajouta : viens vers moi, et je donnerai ta chair aux oiseaux du ciel et aux bêtes des champs* ». Les prophéties destructrices envoyées contre David ont commencé là. Verset 45 : « *David dit au philistin : tu marches contre moi avec l'épée et le javelot ; et moi je marche contre toi au nom de l'Eternel des armée, du Dieu de l'armée d'Israël, que tu as insultée* ».

Dans ce qui précède, David a commencé ses prophéties pour contrer. Donc, quand quelqu'un prononce des mauvaises prophéties contre toi, ce que tu dois faire c'est de contrer cette prophétie par une autre. Quand deux prophéties se confrontent, celle qui est soutenue par la puissance de Dieu va vaincre celle qui est soutenue par la puissance du diable. David a continué sa prophétie contre Goliath : dans les versets 46-47 : *« Aujourd'hui, l'Eternel te livrera entre mes mains, je t'abattrai et je te couperai la tête ; aujourd'hui, je donnerai les cadavres du camp des philistins aux oiseaux du ciel et aux animaux de la terre. Et toute la terre saura qu'Israël a un Dieu. Et toute cette multitude saura que ce n'est ni pas l'épée, ni par la lance que l'Eternel sauve. Car la victoire appartient à l'Eternel et Il vous livre entre nos mains ».* Une prophétie qui contre. Heureusement, Goliath avait une grosse tête, la pierre de David, n'a donc pas eu du mal à la localiser. Et immédiatement Goliath fut terrassé, l'armée des philistins s'est enfuie. C'est toujours ça le croquis ; dès que l'homme fort en charge de ton problème est terrassé, tous les petits qui le soutiennent se dispersent.

QU'EST-CE QUE LA PROPHETIE ?

La prophétie c'est l'histoire à l'avance. C'est dire d'avance ou prédire. Il y a de bonnes et de mauvaises prophéties. Il y a des prophéties inoffensives et il y en a des destructrices. Juste comme nous avons de bonnes prières, nous avons aussi de prières sataniques. Il y a des prophéties orales, des prophéties mentales, des prophéties silencieuses et les prophéties à haute voix. Il y a de bon souhaits, c'est-à-dire que quelqu'un te souhaite du bien, et il y a des mauvais souhaits. Les mauvaises prophéties silencieuses représentent un réel problème car l'auteur est inconnu. Il/elle prophétise en silence contre une autre personne en souriant.

QU'EST-CE QUI CONSTITUE LES MAUVAISES PROPHETIES DESTRUCTRICES ?

1. Les malédictions horizontales : les malédictions entre les hommes. Ce sont des prophéties destructrices envoyées contre des gens.

2. Les prophéties cliniques : il y a des prophéties cliniques sataniques prononcées par les docteurs dans la vie des gens. Je veux que tu saches qu'un docteur peut voir ce que le diable veut qu'il voit. Le docteur peut dire à quelqu'un qu'il souffre de ce qu'il n'a pas. Et dès que la personne commence à y penser, il commence à le développer. J'ai lu l'histoire de quelqu'un qui est allé faire un test dans un laboratoire et par erreur, les résultats ont été inversés. Et on lui a dit qu'il avait le VIH et son résultat sain a été donné à quelqu'un d'autre. L'homme avait le résultat positif a convoqué toute la famille et leur a dit ce qui est arrivé, et leur a aussi assuré qu'il n'allait pas mourir seul. Il s'est réveillé cette nuit et a empoisonné la nourriture destinée à toute la famille. Il s'est tué et tout le monde avec, et le jour suivant le laborantin est venu chez lui pour s'excuser du fait qu'il lui avait remis le résultat de quelqu'un d'autre.

3. Les incantations.

4. Les sorts : celui sur qui on a jeté un sort va toujours faire ce qui est mal.

5. L'hypnotisme : C'est souvent utilisé par les kidnapper, ils prophétisent sur des gens afin de les rendre bêtes.
6. Les mauvais vœux.
7. Les prières sataniques : beaucoup de gens font ce genre de prière maintenant. Les méchants endettés prient contre leurs créanciers. Un fornicateur ne prie pas pour demander à Dieu de le/la délivrer de l'esprit de fornication, mais quand elle tombe enceinte, elle impose les mains sur son ventre et prie que la grossesse sorte. Ce qu'elle devait faire était de demander à l'esprit de fornication de sortir de sa vie. Ce sont des prières sataniques.
8. La consultation des prophètes sataniques : toute personne riche qui utilise son argent pour sponsoriser quelqu'un qui lui dit que Dieu lui a dit qu'il doit sponsoriser la construction de son église et envoyer ses enfants à l'école, met son argent sous une malédiction. N'utilises pas ton argent pour sponsoriser la rébellion, car elle va mettre ton argent sous une malédiction. Ne penses

pas que tous ceux qui viennent à l'église veulent aller au ciel. Il y en a qui sont des commerçants à l'église. Ils croient qu'il y a un marché où il y a une multitude de personnes. Certaines personnes viennent chercher de belles filles qui vont les respecter parce qu'ils sont fatigués des filles du monde. Certains viennent voler, juste comme la Bible dit, la maison de Dieu est comme un filet jeté dans la mer. Le filet attrape différentes qualités de poissons, et c'est le travail de la parole de Dieu de faire sortir les bons du milieu d'eux. Certaines personnes ne sont pas intéressées par les prières et les messages. Elles attendent la fin du service pour annoncer ce qu'elles ont à vendre. Ce n'est pas tous ceux qui viennent à l'église qui veulent aller au ciel. Il y a les agents des ténèbres aussi bien que les sorciers dans toutes les églises. Certains déposent leur puissance dehors avant d'entrer et la récupère en partant. D'autres viennent à l'église pour repérer, ceux qui selon eux ont des problèmes, et les emmènent dans des endroits sataniques où, ils leur soutirent leur argent et leur vertu. Fais attention à là où tu vas chercher la solution. Consulter les prophètes sataniques attire les prophéties destructrices dans ta vie.

9. Les malédictions imposées par sois : Quand tu te maudis, tu prononces une mauvaise prophétie contre ta vie. Quand tu dis des choses telles 'Mes maux de têtes, ma migraine, ma douleur à la poitrine, mes pauvres pieds, etc. tu t'attires le mal. C'est un paquet de l'ennemi. Quand tu dis que quelque chose t'appartient, elle devient à toi.

10. Les diseurs de bonne aventure

11. L'astrologie

12. L'horoscope

13. Tout moyen de connaître l'avenir en dehors du Saint Esprit : l'ennemi peut le manipuler.

14. Les mauvais souhaits silencieux soutenus par les puissances spirituelles méchantes : il y a des gens qui peuvent se tenir sur l'autoroute, et tout ce qu'ils ont à faire est de souhaiter qu'un accident se produise et c'est fait. Tu peux trouver ceci incrédible, mais c'est vrai.

15. Les espoirs envieux : ce sont les gens qui sont envieux des autres et attendent le jour où ils tomberont. Ils sont envieux de ton mariage et attendent le jour où ton mari va te chasser.

16. Un esprit meurtrier interne : La Bible appelle toute personne qui hait son frère un meurtrier. Il y en a qui sont des voleurs à l'intérieur. Ils brandissent des machettes pour couper. La seule chose c'est qu'ils ne peuvent pas couper physiquement. Ils ont un esprit meurtrier interne.

17. Les lettres sataniques : Il y en a qui écrivent des lettres sataniques et les envoient aux gens à qui ils demandent de l'envoyer à dix ou vingt autres personnes. Et s'ils ne font pas, quelque chose arrive. Si tu fais l'erreur de faire circuler comme ils ont demandé, tu signes leur lot.

18. Les noms de louange.

19. La prière d'un pécheur à ton égard.

20. Mimer les chansons démoniaques : il y a plusieurs chansons démoniaques maintenant, si tu chantes avec eux, tu entres dans les problèmes.

21. Les décisions de sorcellerie.

22. Les prophéties sataniques directes.

POURQUOI CES PROPHETIES SONT-ELLES DANGEREUSES ?

Elles sont dangereuses parce que les paroles ont une puissance destructrice. Les paroles peuvent voyager de génération en génération. Une mauvaise prophétie a le pouvoir de rediriger ta destinée. Elle a un pouvoir de contrôle pour manipuler la vie d'une personne. Ces prophéties démoniaques ont ce qu'on appelle la puissance de l'ombre. C'est la raison pour laquelle David ne s'est pas tuer quand Goliath a parlé. Il a immédiatement répondu : « *Je viens contre toi au nom de l'Eternel des armées. Aujourd'hui, toi aussi tu mourras.* »

Une fois, une sœur est venue me voir en pleurant. Elle est allée avec son amie voir un prophète, qui lui a dit qu'elle allait mourir. Je lui ai dit de repartir dire au prophète que son pasteur a dit que c'est le prophète qui allait mourir et non lui. Elle hésitait, mais je lui ai persuadé et elle est allée. Au bout de sept jours, ce prophète était mort. Si elle l'avait accepté, elle serait morte. Certaines personnes ont reçu des prophéties démoniaques quand elles étaient ignorantes de ces choses. Certains ont permis aux sorcières de leur imposer les mains pendant leurs fiançailles ou cérémonies de mariage. Et beaucoup de bébés ont été porté par des gens possédés par les esprits de l'eau le jour de leur consécration et les prophéties destructrices ont été prononcées sur leur vie. Normalement, quand quelqu'un donne sa vie à Jésus, reçoit le baptême du Saint Esprit, et commence à grandir dans sa marche avec le Seigneur ; certaines choses disparaissent de sa vie sans qu'il n'ait à prier à leur sujet. Alors c'est très important d'être sérieux avec le Seigneur.

POURQUOI EST-CE QUE LES PROPHETIES DESTRUCTRICES FLEURISSENT DANS LA VIE DES CHRETIENS?

Hébreux 5 :12-14 explique pourquoi les prophéties démoniaques fleurissent dans la vie des chrétiens. Il dit : « *Vous, en effet, depuis longtemps, vous devriez être des maîtres, vous avez encore besoin qu'on vous enseigne les premiers rudiments des oracles de Dieu, vous en êtes venus à avoir besoin du lait et non d'une nourriture solide. Or, quiconque en est au lait n'a pas l'expérience de la parole de justice ; car il est un enfant. Mais la nourriture solide est pour les hommes faits, pour ceux dont le jugement est exercé par l'usage à discerner ce qui est bien et ce qui est mal.* » La prospérité des prophéties destructrices est du au fait que beaucoup de ceux qui vont à l'église sont des bébés. Les kidnapper sont capables de gifler les chrétiens et ils sont confus parce qu'ils sont des bébés. Beaucoup de ceux qui clament qu'ils grandissent ne grandissent réellement pas, ils grossissent seulement. Il n'y pas de changement dans la qualité de leur sainteté, de leur vie et de lire la Bible. Ils restent au même niveau pendant des années. Le manque de croissance spirituelle expose la vie des gens aux attaques.

COMMENT TRAITER CONTRE LES PROPHETIES DESTRUCTRICES

1. Repens toi de tout péché connu et arrêtes de prononcer des parole de malédiction sur toi-même
2. Charges toi constamment du feu de Dieu. Tu peux t'asseoir trente minutes et faire cette

prière : « Je charge mon corps du feu du Saint Esprit, au nom de Jésus ».

3. Lies toutes mauvaises paroles envoyées contre toi.
4. Renverse les mauvaises prophéties.
5. Commandes à la prophétie destructrice têtue des retourner à l'envoyeur.
6. Détruis leurs effets et leurs conséquences.
7. Barricade ta vie des attaques à venir.

Je veux que tu saches qu'il y a des puissances et des personnalités qui ne sont pas contents de te voir vaquer tranquillement à tes occupations. C'est ce qu'on connaît comme les batailles de la vie. Toutes les injures que tes parents, amis et autres te disent en blaguant sont des prophéties destructrices et tu dois traiter contre elles. Si tu n'as pas encore donné ta vie à Christ, tu ne pourras pas correctement traiter contre ces prophéties destructrices. Pour les détruire totalement, tu dois donner ta vie à Christ. Si tu es prêt à le faire, répètes les confessions suivantes : « Seigneur Jésus, je viens à toi aujourd'hui. Je te donne ma vie. Je sais que je suis un pécheur. Pardonnes moi et laves moi par ton sang précieux. Prends le contrôle absolu de ma vie. Merci Seigneur Jésus, au nom de Jésus ». Amen.

Bien aimé, merci de faire les prières suivantes agressivement car le problème dont on parle est très sérieux.

LES POINTS DE PRIERES

1. Toute puissance suspendue attendant d'attaquer mes bénédictions, détruit ton auteur au nom de Jésus.
2. Toute puissance suspendues dans ma maison contraire à ma destinée, meurs au nom de Jésus.
3. Toute incantation faite contre ma carrière, retournes à l'envoyeur au nom de Jésus.
4. Toi, malédiction de Goliath dans la maison de mon père, meurs au nom de Jésus.
5. Toi, malédiction de Goliath dans la maison de ma mère, meurs au nom de Jésus.
6. Toi, malédiction de limitation dans la maison de mon père, meurs au nom de Jésus.
7. Toi, malédiction de limitation dans la maison de ma mère, meurs au nom de Jésus.

8. Toi, puissance des prophéties destructrices, meurs au nom de Jésus.

9. Ma vie devient trop chaude pour toute puissance de sorcellerie, au nom de Jésus.

10. Toutes puissances de sorcellerie assignée contre moi, retournez à votre expéditeur, au nom de Jésus.

11. Oh, terre, deviens une puissance de feu pour toute puissance de sorcellerie récalcitrante, au nom de Jésus.

12. Tout Pharaon de la sorcellerie qui poursuit ma destinée, qu'attends-tu ? Meurt au nom de Jésus.

A PROPOS DU DR D.K. OLUKOYA

Le Dr. D.K. Olukoya est Pasteur principal et Superviseur Général des Ministères de la Montagnes de Feu et des Miracles et des Ministères du Cri de Guerre. Il est titulaire d'une licence de Microbiologie de l'Université de Lagos au Nigeria, et d'un doctorat dans le domaine de Génétique Moléculaire de l'Université de Reading, au Royaume Uni. Comme chercheur, il a plus de quatre-vingts publications à son actif.

Oint par Dieu, le Dr. Olukoya est un enseignant, un prophète, un évangéliste et un prédicateur de la Parole de Dieu. Sa vie et celle de sa femme, Shade, et leur fils, Elijah Toluwani, sont des preuves vivantes que tout pouvoir est à Dieu.

A PROPOS DU MINISTERE DE LA MONTAGNE DE FEU ET DES MIRACLES

Le **Ministère de la Montagne de Feu et des Miracles** (MFM) est un Ministère du Plein Evangile consacré au réveil des signes apostoliques, aux œuvres et miracles du Feu du Saint Esprit et à la démonstration illimitée de la puissance de Dieu à délivrer au-delà de toute mesure. On y enseigne ouvertement la Sainteté absolue à l'intérieur et à l'extérieur comme étant le plus grand désinfectant spirituel et une condition préalable pour aller au Ciel.

MFM est un Ministère Evangélique de " faites-le vous-même " où vos mains sont entraînées au combat et vos doigts à la bataille.

Brève histoire du Ministère de la Montagne de Feu et des Miracles

Le Ministère de la Montagne de Feu et des Miracles fut fondé en 1989. La première réunion s'était tenue au domicile du Dr. Olukoya, à laquelle avaient assisté 24 personnes. L'église a ensuite emménagé au N°60, Old Yaba Road, Lagos, puis au site de la

Direction Générale actuelle, le 24 Avril 1994.

La Direction Générale du Ministère de la Montagne de Feu et des Miracles est la plus grande congrégation Chrétienne en Afrique capable de contenir plus de 200.000 fidèles en un seul culte.

Le **Ministère de la Montagne de Feu et des Miracles** (MFM) est un Ministère du Plein Evangile consacré au réveil des signes apostoliques, aux œuvres et miracles du Feu du Saint Esprit et à la démonstration illimitée de la puissance de Dieu à délivrer au-delà de toute mesure. On y enseigne ouvertement la Sainteté absolue à l'intérieur et à l'extérieur comme étant le plus grand désinfectant spirituel et une condition préalable pour aller au Ciel.

MFM est un Ministère Evangélique de " faites-le vous-même " où vos mains sont entraînées au combat et vos doigts à la bataille.

YORUBA PUBLICATIONS

FRENCH PUBLICATIONS

ANNUAL 70 DAYS PRAYER AND FASTING PUBLICATIONS

www.ingramcontent.com/pod-product-compliance
Lightning Source LLC
Chambersburg PA
CBHW071449040426
42445CB00012BA/1498